CW01500791

CIGARROS Y PUROS, SELECCIÓN, RIESGOS, CUIDADO, TIPOS Y MÁS

First edition. February 17, 2023.

Copyright © 2023 Daye Yeda.

ISBN: 979-8215180563

Written by Daye Yeda.

Tabla de Contenido

Cigarros y puros.
Selección, riesgos, cuidado, tipos y más

Daye Yeda

Introducción

Conoce los cigarros y puros desde su creación y a su vez el risego que puede significar para la salud. Mi tía vivió 82 años y fumaba desde que tenía 15. Ella murió de un infarto al corazón y no de una enfermedad pulmonar.

En una oportunidad de mi vida tuve un suegro que bebía alcohol de manera desmedida. Comenzaba los miércoles y paraba los domingos. El fumaba muy poco y todos pensábamos que iba a morir de cirrosis y murió de cáncer en un pulmón.

Analicemos, quien tenía que morir de cáncer de pulmón era mi tía. ¿Qué pasó allí? Saca tus propias conclusiones y mientras tanto conoce todo acerca de los cigarros y puros en este libro.

Contenido

Selección de puros: el proceso

Cuando pienses que ya tienes lo que hay que tener para unirte a la población de fumadores de puros, tienes que conocer primero algunos de los recordatorios más importantes. Un grupo de recordatorios tiene que ver con cómo elegir el puro adecuado para ti. Esto debe seguir un breve proceso, pero si está seguido, daría seguramente una sensación tan satisfactoria a ti como al fumador.

Es muy importante ver lo que tú estás eligiendo el cigarro derecho o bien apenas terminarías encima de no saber que tú estás perdiendo el dinero. Debe haber esa calidad que tú tienes que considerar para que te cerciores de que saboreas cuál es el mejor de ese cigarro.

- Cuanto más suave, mejor (Elije cigarros suaves)

Esto va especialmente para los principiantes. No choques tus pulmones y garganta, como tú estás comenzando, tienes que conformarte con el gusto más ligero. Y los cigarros más suaves cuestan menos, así que no será una carga pesada si los rompes accidentalmente o que. Esto también funcionaria bien si tú no estás en gustos fuertes todavía, serviría como tú preparación también.

- Ve la calidad (Inspecciona el cigarro)

Por supuesto, tú no deseas conseguir tu dinero perdido para un cigarro que no vale un solo soplo en todos. ¿Cómo puedes comprobar si un puro es de buena calidad? Simplemente apretando suavemente las partes del cigarro y tratando de sentir si hay estos puntos blandos, esto no sería una buena elección para ti.

- Almacena bien

Si no dispones de un recipiente adecuado para guardar los puros, es mejor que compres los que puedan durar más de un par de días. Así se mantendrían en las condiciones adecuadas.

Estos son los tres principales consejos o pasos en la elección de los cigarros. Estos seguramente te ayudarían mucho en la selección de lo que es correcto y sin duda disfrutar de ellos en la medida en que cumplan con tus expectativas.

El fumar del cigarro es una experiencia que releva, una vez que tu podrías elegir los cigarros derechos, podrías realmente ser el salto derecho apagado. Tu disfrutarías del resto.

Cigarros frente a cigarrillos: ¿cuál es el mal menor?

Hay quienes afirman que fumar puros es más seguro que fumar cigarrillos. Pues bien, esto no es un hecho en absoluto. Lo que ocurre es que los fumadores de puros son sólo fumadores ocasionales y la mayoría de la población fumadora se dedica a los cigarrillos, pero, debe ser sabido a la gente que los cigarros no son más seguros en absoluto.

Las siguientes son las razones que te dirán que la elección de fumar cigarros no es menos malo que fumar cigarrillos.

- El tabaco es mucho en cantidad en los cigarros que los cigarrillos. Este hecho hace que el cigarro sea muy peligroso, ya que como todos sabemos, hay elementos nocivos que se encuentran en el tabaco. Según los estudios, un solo puro contiene más tabaco que un paquete entero de cigarrillos.

- Según los expertos, los cigarrillos contienen menos nicotina. Frente a los 8 miligramos de nicotina que contienen, los puros contienen entre

100 y 200 miligramos. Esto demuestra que los puros son más peligrosos que los cigarrillos.

- Un solo cigarro al día aumenta la posibilidad de contraer cáncer. El cáncer de pulmón y de páncreas es común entre los fumadores de puros.

- El humo de los cigarrillos no es tan tóxico como el de los puros. Como demuestran los estudios, los puros deben someterse a una fermentación, esta etapa produce algunos de los elementos más cancerígenos. Otra cosa es que las envolturas de los puros son menos porosas en comparación con la de los cigarrillos. Esto tiene que ver con la combustión. Una combustión adecuada disminuye la cantidad de elementos nocivos de un puro o un cigarrillo.

- En el caso de los hombres, fumar puros se asocia a la esterilidad o a algunos problemas como la disfunción eréctil. Los componentes nocivos de un cigarro penetran mucho en las hormonas que pueden causar este trastorno.

Estos son sólo algunos de los efectos nocivos de fumar cigarros y lo perjudicial que podría llegar a ser en comparación con los cigarrillos. La cuestión aquí no es qué fumar, ¿puros o cigarrillos? La cuestión es que fumar no es beneficioso en absoluto. Sí, te perjudicas a ti mismo e incluso perjudicas a fumadores pasivos inocentes.

Cigarros frente a cigarrillos: ¿Qué es peor para la salud?

Casi todo el mundo ha oído hablar de los riesgos para la salud de fumar puros y cigarrillos, y de los peligros del humo ajeno. Pero, ¿cuál es peor? ¿Los fumadores de puros tienen realmente ventaja sobre los fumadores de cigarrillos? La respuesta es mucho más complicada de lo que se pensaba.

Cuestión de grado

Las investigaciones del Instituto Nacional del Cáncer indican que los riesgos para la salud que plantean tanto los cigarrillos como los puros están estrechamente relacionados con la frecuencia de consumo. Es decir, no se trata de si fumas cigarrillos o puros, sino de cuánto y con qué frecuencia los consumes. Las personas que fuman cigarrillos a diario corren un mayor riesgo de desarrollar cáncer que las que fuman un puro de vez en cuando. Dicho esto, las pruebas indican que los puros contienen muchos más carcinógenos que los cigarrillos. También parece que el humo de los puros es más tóxico que el humo de segunda mano de los cigarrillos. Esto se debe en gran parte a que los puros son más grandes que los cigarrillos y, por tanto, producen más humo.

¿Inhalar o no?

El debate también se ha centrado en la cuestión de la inhalación de nicotina de los puros y los cigarrillos. Los entusiastas de los puros sostienen que son menos peligrosos que los cigarrillos porque no requieren inhalar tantas toxinas. Las investigaciones del Instituto Nacional del Cáncer indican que tanto los fumadores de puros como los de cigarrillos están expuestos a carcinógenos, independientemente de si inhalan o no. Incluso sin inhalar, los fumadores siguen exponiendo su boca, lengua, laringe y garganta a agentes cancerígenos. De hecho, el simple hecho de sostener un puro o un cigarrillo sin encender entre los labios puede exponerte a agentes carcinógenos. Además, cuando la saliva entra en contacto con un puro o un cigarrillo, aunque sea momentáneamente, se ingieren agentes carcinógenos. Cuando se ingieren carcinógenos, la garganta, la laringe y el esófago quedan expuestos a estas toxinas e irritantes. Los fumadores de cigarrillos y de puros parecen tragar cantidades similares de carcinógenos, lo que se traduce en aproximadamente el mismo porcentaje de riesgo de desarrollar cáncer oral y esofágico.

Las investigaciones indican que los riesgos para la salud asociados tanto a los puros como a los cigarrillos pueden reducirse si se ajusta el grado de inhalación. Dado que la mayoría de los fumadores de cigarrillos tienden a inhalar profundamente y a fumar de forma habitual, corren un mayor riesgo de desarrollar cáncer de laringe. Para hacernos una idea de cómo se relaciona la inhalación de humo con los riesgos para la salud, el Instituto Nacional del Cáncer nos dice que el riesgo de cáncer de pulmón de alguien que fuma cinco puros al día e inhala moderadamente tiene aproximadamente el mismo riesgo que el de alguien que fuma un paquete de cigarrillos al día.

Preocupaciones al comprar cigarros para fumar

CIGARROS Y PUROS

"Los fumadores no envejecen, mueren jóvenes", ésta es una sentencia que se menciona en todos los libros de Ciencia y Salud. Tiene algo que ver con los peligros para la salud que puede acarrear un puro.

A lo largo de la historia, el hábito de fumar cigarros no ha sido molestado por muchas campañas de salud, incluso a pesar de las numerosas luchas en su contra, la gente parece no sentir del todo la amenaza que supone para la vida. Se ha incorporado a la cultura y la cultura es demasiado dura para ser metamorfoseada. Incluso los no fumadores se ven afectados. El tabaquismo pasivo entraña más riesgos para la salud que los fumadores directos.

Con el crecimiento vertiginoso de la publicidad de los cigarros, cada vez más fumadores entran en el panorama actual. Los fumadores sólo deben asegurarse de hacerlo con moderación.

En la búsqueda de cigarro, hay estas cualidades de un cigarro que un fumador debe considerar con el fin de saborear lo que un palo de cigarro podría ofrecer. Cuando otras cosas se sirven mejor cuando están frescas, el puro y el vino se reexaminan con esta frase: "cuanto más viejo, más sabroso". Los puros deben someterse al necesario proceso de fermentación antes de que puedan ser realmente de "buen gusto".

¿Cuáles son las cualidades de un buen puro que merezca la pena?

Se quema uniformemente hasta el fondo cuando está encendido; es de buena calidad porque si no es así, significa que no tiene un buen liado.

El puro produce una ceniza firme al fumarlo; es otro signo de buena calidad. Si el puro tiene la punta firme, también es de buena calidad.

el puro es de buena calidad y que está hecho de tabaco al cien por cien. Algunos puros tienen más componentes que no son tabaco, como papel, glicerina o salitre.

No a los puros grumosos. Puedes comprobar si tiene grumos o no dándole un ligero apretón. Comprueba también la capa. No elijas puros que tengan la capa descolorida.

El criterio general de los puros que debe utilizarse para determinar si es bueno o malo es el siguiente: cuerpo, sabor y aroma. En la elección del cigarro para ti, estos tres son los elementos de calibre.

Los puros vienen en sabores variados como especias, cacao o chocolate, café, no o madera. También vienen en diferentes envolturas, rellenos y aglutinantes.

Una parte de la historia y la cultura, podría ser realmente imposible erradicar fumar puros en el esfuerzo diario de las personas en cualquier lugar y en todas partes.

Peligros de los puros cuando se fuman

CIGARROS Y PUROS

Para los aficionados al puro, es la cosa con mejor sabor de la Tierra. Cuando el puro se convierte en una adicción, y generalmente lo hace, también podría surgir el resorte de sus efectos negativos. Estos efectos pueden ser un simple mal aliento, pero también pueden ser tan graves o malignos como el cáncer. Sí, esto debe realmente alarmarte un poco para tener problemas del pulmón o cualquier problema de salud para esa materia sería un golpe grande a tu vida y debe ser respondido tan pronto como sea posible para él puede incluso empeorar.

Este artículo no está aquí para plantar dinamitas en ti sino para recordarte que tú tienes que tomar el cuidado de tu salud.

Hay problemas de salud que podrían ser causados por fumar cigarros:

- Cáncer oral

- Esta enfermedad es por supuesto realmente te afectaría grande. Esto podría conducirte a la dificultad de comer. Este desorden podía también afectar la boca, la garganta, los labios y también tu lengua. Éstas son partes necesarias de tu cuerpo y hay realmente efectos que pueden afectarte tan malo.

- Cáncer de esófago

- Los estudios demuestran que esos fumadores tienen riesgos realmente altos de dejar su esófago en su peor.

- Hay este estudio que nos dice cómo la brecha es tan grande cuando se trata de la posibilidad de cáncer en el esófago para aquellos que son fumadores. A medida que aumentas el número de palos que también estás aumentando el riesgo de tener estos trastornos de salud.

- Cáncer de pulmón

- Esto sería más posible especialmente si tú inhalas el humo del cigarro más. Debe ser observado por los fumadores del cigarro que no deben inhalar el humo porque causaría seguramente muchos de desórdenes de la salud que implican los pulmones.

- Cáncer de páncreas o cáncer de vejiga

- Es posible que ambos se produzcan si se fuma mucho. Cuanto más fumes, más te expones a los riesgos para la salud.

Fumar podría ser realmente calmante o relajante, especialmente cuando uno está tan estresado, pero tú tienes que ver a ella que eres cauteloso de la forma de fumar, ya que darías lugar a tus propios problemas relacionados con la salud también.

Puros de droguería: ¿Una buena compra?

CIGARROS Y PUROS

La gran diversidad de puros puede confundir a los nuevos fumadores. Muchos nuevos fumadores quieren saber: ¿es correcto comprar puros en su droguería local o en una cadena de tiendas? ¿Cuál es la calidad de estos cigarros? ¿Se puede esperar obtener un buen sabor de estos cigarros?

Aunque, por supuesto, es perfectamente correcto comprar estos cigarros, ten en cuenta que estos cigarros envasados suelen ser de peor calidad. La mayoría de los puros de "droguería" contienen conservantes u otros ingredientes que no son tabaco. Entre los ingredientes comunes que se encuentran en los puros empaquetados pueden estar el papel, la glicerina y el salitre. Los puros de alta calidad sólo contienen tabaco. Los puros envasados de droguería contendrán generalmente estos ingredientes extra diseñados para mantenerlos almacenados en las estanterías durante largos periodos de tiempo.

Para conseguir puros de la mejor calidad, tendrás que visitar tu estanco local. Aunque muchas empresas de venta por correo venden puros de buena calidad, ten en cuenta que no suelen vender puros sueltos, por lo que tendrás que comprar cajas enteras. Visitar tu estanco local te permitirá probar diferentes marcas antes de decidirte por una caja.

Lucha contra los escarabajos: Cómo proteger tus puros de la infestación

Tu caja de puros puede estar en peligro por culpa de un depredador secreto. Muchos aficionados a los puros se han llevado una sorpresa y han sentido repulsión al descubrir que sus preciados puros estaban infestados de Lasioderma Serricorne, también conocido como escarabajo del tabaco. Este temible escarabajo se alimenta de tus preciados puros. No les importa si tus puros son de marca de droguería o de importación.

¿Qué es el escarabajo del tabaco y de dónde procede? El escarabajo del tabaco existe en todos los países donde se produce tabaco. Prospera en las plantas de tabaco, infestando sus hojas antes de que se procese. El escarabajo del tabaco prospera en climas cálidos, y especialmente en los países cálidos del Caribe, donde se produce gran parte del tabaco mundial. Los escarabajos del tabaco ponen larvas blancas de hasta 4 mm de longitud. Cuando las larvas eclosionan, dan lugar a polillas que se abren paso hambrientas entre las hojas de tabaco. Por desgracia, se sabe que el escarabajo del tabaco sobrevive al proceso de fermentación y producción que se utiliza para fabricar la mayoría de los puros. Aunque muchos países se han esforzado por librar a sus cultivos de tabaco de esta temida plaga, sobre todo rociándolos con gases, el escarabajo del tabaco ha demostrado ser muy resistente.

Si el escarabajo del tabaco sobrevive en el producto acabado, muchos aficionados a los puros pueden abrir sus cajas y descubrir que sus puros han sido devorados. A veces, la presencia del escarabajo del tabaco puede detectarse por la presencia de pequeños agujeros en el envoltorio. Los agujeros pueden hacer que un puro normal parezca una flauta.

¿Qué puedes hacer si descubres que tus puros están infestados por el escarabajo del tabaco? Las investigaciones han demostrado que el microondas puede ser la mejor defensa para destruir las larvas del escarabajo del tabaco. Antes de utilizar el microondas, retira y desecha los puros infestados de tu colección. El resto de tus cigarros pueden ser tratados. Para librar al resto de tu colección de esta plaga, debes asegurarte de calentar los puros juntos en el microondas, nunca individualmente. Mételos en el microondas durante unos tres minutos.

Después de calentarlos, introdúcelos inmediatamente en el congelador. Después de congelarlos durante 24 horas, sácalos y déjalos descongelar a temperatura ambiente. Una vez descongelados por completo, colócalos en un humidor. Este tratamiento ha demostrado su eficacia para eliminar la presencia del escarabajo del tabaco. Antes de sacar un puro del humidor para fumarlo, examínalo individualmente. Si el puro no muestra indicios de infestación, es seguro fumarlo.

Cómo soplar anillos de humo con el puro

CIGARROS Y PUROS

¿Anhelas soplar anillos de humo con tu puro como un profesional? Los aficionados a los puros hablan a menudo de la ceremonia que supone fumarse un buen puro. Soplar anillos de humo es la marca de un fumador que disfruta de los efectos suaves y relajantes del tabaco. Pero, ¿cómo se hace un buen anillo de humo? Algunos sostienen que no se puede enseñar, que simplemente se aprende con el tiempo y la práctica. En cualquier caso, aquí tiene algunos consejos para empezar.

Los fumadores veteranos señalan que, para conseguir un buen anillo de humo, es necesario crear un humo denso. Introduce una bocanada de humo denso y profundo en la boca. Mantén el humo ahí y luego abre la boca lenta y deliberadamente. Abre la boca, formando con los labios una "O" redondeada, y tira de la lengua hacia atrás mientras expulsas el humo.

Ten en cuenta que no estás exhalando el humo, sino simplemente expulsándolo por la boca. Ten en cuenta también que esta maniobra no funcionará si hay una ligera brisa en el aire. Asegúrate de intentarlo en un lugar con aire en calma.

Cómo comprar un buen puro

CIGARROS Y PUROS

La cultura de fumar existe desde hace siglos y es uno de los mercados en constante crecimiento. El tabaco es el principal producto relacionado con la industria del tabaco. El tabaco es la fuente de los puros, uno de los productos favoritos de hombres y mujeres, especialmente en los tiempos modernos.

La historia cuenta que fumar puros era común en la región latinoamericana, que incluye países como Brasil, México, República Dominicana y Nicaragua. Lo mismo con Camerún, Honduras, Indonesia e incluye Cuba y los Estados Unidos de América. Estas son también las zonas donde se cultivó gran cantidad de tabaco en un principio.

Se dice que Cristóbal Colón fue el primero en introducir el puro en Europa. Desde entonces, fumar puros se asocia con la masculinidad, el alto estatus social y el liberalismo, lo que hace del puro una parte interesante de los hábitos de un fumador especial. En ocasiones especiales, puede ser una buena forma de regalo para un amigo, un colega, un jefe, un compañero... ¿Cómo se compra un buen puro para un regalo?

Busca tiendas especializadas en fumadores que vendan una gran selección de puros, incluidos los extraordinarios. Asegúrate de no descuidar la calidad del puro.

Ten en cuenta la experiencia de fumar de la persona a la que quieres hacer el regalo. Esto determinará si el tamaño y el diámetro del puro se adaptan a sus gustos. El diámetro del puro es directamente proporcional a la riqueza del sabor. Los puros de mayor diámetro y sabor más rico son más apropiados para fumadores "experimentados". Para los fumadores "novatos", los cigarros más largos y con un humo más fresco son recomendables.

Procura que el puro sea de buena calidad y que esté hecho de tabaco al cien por cien. Algunos cigarros tienen más componentes que no son tabaco, como papel, glicerina o salitre.

Abstente de comprar un puro grumoso. Puedes comprobarlo apretando suavemente. Comprueba también la capa. Abstente de elegir puros que tengan la capa descolorida.

Haz que tu regalo sea más especial añadiendo un cortapuros o un cenicero que impresione a quien lo reciba.

Por supuesto, regálalo con sinceridad.

No hay nada malo en fumar puros. Sólo hay que procurar hacerlo con moderación.

Cómo comprar un puro de calidad en función de su construcción

CIGARROS Y PUROS

La riqueza del sabor de un puro puede venir determinada por su diámetro. Cuanto mayor sea el diámetro, más intenso será el sabor. Por otro lado, la capa del puro también es importante. Un color uniforme significaría un buen estado, mientras que una decoloración extrema en la envoltura supondría un cambio en el sabor.

Con esto, estos dos factores, tamaño y diámetro deben tenerse en cuenta en la compra de un cigarro para ti. Son partes de la construcción de un cigarro. Y la construcción se considera el indicador de cuidado y calidad.

Para que uno pueda comprar el cigarro correcto, hay pasos que deben ser considerados y seguidos para que tú no vayas a terminar fumando todos tus remordimientos de distancia.

- Observa si la envoltura tiene suave y un poco de brillo característica. Asegúrate de que no tiene manchas y no debe ser demasiado firme.

- Aprieta suavemente el puro. De esta forma podrás determinar si es lo suficientemente bueno para mantener su forma cuando lo aprietes.

- Abstente de elegir un puro con partes blandas o duras porque es señal de que no es de buena calidad ni está bien construido.

- Intenta oler el puro y si no tiene ese aroma, deséchalo.

Cuando el cigarro se enciende, es otra verdadera prueba si tiene buena construcción o no. Cuando se quema uniformemente hasta el final, es de buena calidad porque si no, significa que no tiene un buen liado. Además, si el puro produce una ceniza firme mientras se fuma, es otro signo de buena calidad. Si el cigarro tiene una punta firme, también es de buena calidad.

Hay tres criterios que podrían determinar un buen puro. En realidad, estos criterios también se aplican a los vinos. El primer criterio es el cuerpo. Significa la fuerza del tabaco. En segundo lugar, el sabor. Dulce, amargo y salado son las categorías básicas de sabor. El aroma es otro criterio. Si un puro no tiene aroma, no es de buena materia.

Para que un puro sea bueno, no hace falta sólo el tabaco más fino, sino que también debe someterse a todos los procesos necesarios incluidos en su fermentación.

Como comprador, debes tener en cuenta todos los consejos mencionados para elegir el puro que más te guste fumar.

Cómo comprar puros para regalar

CIGARROS
Y
PUROS

¿Hay algún aficionado a los puros en tu lista de regalos? ¿Te preguntas cómo elegir un puro decente para un amigo o un ser querido? Aunque no sepas nada de puros ni de cómo elegir un buen puro, aprender algunas nociones básicas puede ayudarte a olfatear (a veces literalmente) un buen puro para regalar a un amigo.

Afortunadamente, los puros se han generalizado. Antaño símbolo de ricos y poderosos, ahora es más fácil que nunca que cualquiera pueda comprar un buen puro. Por supuesto, es probable que no puedas comprarle a tu amigo una caja de puros cubanos de la mejor calidad, pero sí puedes comprarle un puro de buena calidad que lo haga sonreír.

En primer lugar, acude a tu estanco o tienda especializada en fumadores para obtener la mejor calidad y la mayor selección. Evita los puros de "droguería". Aunque pueden ser baratos y cómodos de comprar, los cigarros de farmacia suelen estar llenos de conservantes y, por lo general, son de peor calidad. Pueden contener, como mínimo, salitre, papel, glicerina y otros conservantes e irritantes. Debes asegurarte de que los puros que compras están hechos al 100% de tabaco. Si tienes alguna duda sobre los ingredientes de los puros, pregunta al vendedor. Un dependiente con experiencia y conocimientos podrá darte amplia información sobre los ingredientes.

Tu estanco local es un buen lugar para comprar porque generalmente te permitirán oler y tocar los puros. Aprieta suavemente el puro. Un puro de buena calidad cederá un poco al apretarlo. El puro debe estar firme, sin zonas excesivamente blandas o duras. Nunca compres un puro grumoso. Observa la capa. Si notas que se ha secado o decolorado, mejor no comprarlo. Lo ideal es que la capa esté tensa y lisa. Inspecciona el color del tabaco para asegurarte de que es uniforme.

Para ello, inspecciona el extremo del puro. Algunas variaciones de color son normales, pero si el color cambia bruscamente, lo más probable es que el puro no se haya liado correctamente. Un puro mal liado puede provocar una combustión irregular y olores desagradables.

Si no estás seguro de cuánto fuma tu amigo, elije un puro más largo. Los puros más largos suelen tener un sabor más "fresco", una elección excelente para los principiantes. Si sabes que tu amigo es un fumador experimentado y habitual, elije un puro de mayor diámetro. Estos puros suelen tener un sabor más intenso que los fumadores experimentados sabrán apreciar.

Cómo elegir el puro perfecto

CIGARROS Y PUROS

¿Te preguntas cómo elegir el puro perfecto? Si eres un recién llegado al mundo de fumar puros, aquí tiene algunos consejos para elegir el mejor puro.

En primer lugar, fíjate en la textura del puro. Apriétalo suavemente. ¿Es muy suave o rígido? Lo ideal es que el puro ceda ligeramente, pero no demasiado. Muy suavemente, aprieta la longitud del puro para comprobar si hay grumos. Un buen puro tendrá una textura consistente.

A continuación, inspecciona el puro en busca de defectos. Cualquier grieta o decoloración es señal de un puro de baja calidad. La capa del puro debe estar bien envuelta.

Por último, observa los extremos del puro. Presta especial atención al extremo expuesto donde se enciende el puro. Si no conoces los puros, puede resultarte difícil calibrar la calidad del tabaco. La forma más sencilla de juzgar la calidad del tabaco de un puro es inspeccionar el color del tabaco. Si observas cambios bruscos de color, puede indicar que las hojas de tabaco no se han colocado correctamente. Busca un puro con una mezcla suave de tabaco.

Cómo maridar puros y alcohol

CIGARROS Y PUROS

El puro se ha considerado durante mucho tiempo un lujo de ricos y poderosos. Las imágenes de hombres adinerados fumando un puro y bebiendo una copa de buen brandy han sido bien documentadas y recordadas en el cine y la televisión. Si acabas de empezar a interesarte por los puros y te gustaría relajarte con un cigarro y una copa después de un largo día de trabajo, aquí tienes algunos consejos para empezar.

Tradicionalmente, el puro se ha acompañado de una bebida fuerte. Los licores más populares son el ron, el brandy o el whisky. Algunos sostienen que un buen puro debe acompañarse siempre de una bebida fuerte con un toque dulce. De hecho, los fumadores de puros llevan mucho tiempo disfrutando de estos populares maridajes. Durante años, la idea de maridar puros con cerveza ha pasado desapercibida. Pero, ¿por qué pasar por alto la buena cerveza? Últimamente, la tendencia es maridar los puros con distintas variedades de cerveza. Parece que los puros se han democratizado y popularizado. ¿Qué mejor manera de disfrutar de una calada de esta delicia recién popularizada que maridarla con cerveza?

Maridar un buen puro con una buena cerveza no es tarea fácil, pero cuando se consigue, el esfuerzo merece la pena. Gran parte del maridaje tiene que ver con tu nivel de experiencia. Si eres tú un principiante, probablemente necesitarás ayuda para maridar tu puro específico con una cerveza adecuada. Si tienes un paladar más experimentado y sabes lo que te gusta, probablemente puedas establecer conexiones entre determinados tipos de puros y cervezas.

Como los puros son tan fuertes y sabrosos, uno de los retos del maridaje es encontrar una cerveza que complemente la intensidad de la mayoría de los puros. La mayoría de los puros combinan bien con un buen vino o un whisky de malta. Si tu puro puede describirse como amaderado, especiado, con toques de cedro, prueba a maridarlo con un vino de cebada. El toque afrutado del vino apenas debe complementar muy bien con el sabor picante de tu cigarro. La combinación de un puro picante con una cerveza ligeramente afrutada puede crear una cremosidad general que realce significativamente los sabores de cada uno.

Si no tienes ni idea de qué combinaciones de sabores pueden funcionar, experimenta. Primero, encuentra un puro que te guste. Intenta identificar las características que te gustan de él. A continuación, busca una cerveza cuyos sabores crea que pueden "casar" o complementar al puro. De esta manera se han hecho muchos descubrimientos increíbles.

Cómo añejar correctamente un puro

CIGARROS Y PUROS

Los aficionados experimentados a los puros conocen bien los placeres de un puro bien añejado. Los sabores sutiles y la compleja constitución de un puro bien añejado son indescriptibles e inolvidables. Al igual que el vino, muchos aficionados a los puros confían en el proceso de añejamiento. Se dice que un gran puro es un puro añejo. ¿Cómo puedes conseguir un puro bien añejado que te proporcione los sabores suaves y complejos que deseas? Siempre puedes desembolsar una buena cantidad de dinero y comprar una caja de puros añejos caros. Si prefieres ahorrarte el dinero y experimentar con el añejamiento por tu cuenta, aquí tiene algunos consejos que te ayudarán a empezar.

Primero, sabes que tendrás que ser paciente si quieres un puro bien añejado. Tendrás que añejar tus puros durante aproximadamente un año para conseguir los sabores y las sutilezas complejas de un puro bien añejado. También, sabes que para alcanzar las recompensas de un cigarro bien envejecido; tú debes comenzar el proceso con un cigarro de alta calidad. Si intentas añejar un puro de baja calidad, lo más probable es que cualquier cantidad de añejamiento no mejore su sabor significativamente. Muchos cigarros de alta calidad que tu encuentras demasiado fuertes u olorosos son candidatos perfectos para el envejecimiento. De hecho, casi todos los puros de alta calidad pueden mejorarse mediante el proceso de añejamiento.

Para añejar tus puros, adquiere un humidor de buena calidad. Los puros deben almacenarse en un entorno constante y estable. Sigue las reglas 70-70. Eso significa que la humedad debe ser constante, del 70%, y a una temperatura de 70 grados Fahrenheit.

Por supuesto, el entorno en el que se almacenan es crucial. Sigue las reglas habituales de 70-70 para la temperatura y la humedad. Más y tus puros se enmohecerán; menos y el proceso de envejecimiento empezará a atrofiarse. Mantener un entorno estable para tus puros es clave - un entorno en constante fluctuación puede ser desastroso. Las oscilaciones de temperatura y humedad hacen que los puros se expandan y contraigan, agrietando sus envoltorios, y pueden interrumpir el proceso de envejecimiento. Lo ideal es que el espacio del humidor sea aproximadamente el doble del volumen de puros. El revestimiento debe ser de cedro - la madera de cedro es una madera muy aromática, llena de sus propios aceites. Con el paso del tiempo, la interacción de los aceites del tabaco entre sí, y con el aceite de cedro de la madera conduce a una suavización y mezcla de sabores que resulta en esa sutil complejidad que sólo se puede obtener de un envejecimiento adecuado.

Cómo comprar puros de Cuba

CIGARROS Y PUROS

Todo aficionado a los puros sabe que los mejores puros proceden de Cuba. Desgraciadamente, comprar los mejores puros puede resultar arriesgado. Pero muchos entusiastas del puro están dispuestos a arriesgarse para probar lo mejor. Si te preguntas cómo conseguir una caja de puros cubanos, sigue leyendo. Debido a la relación entre Estados Unidos y Cuba, sabes que hay mucha gente que busca aprovecharse de los aficionados a los puros. La compra de puros cubanos debe hacerse con mucha precaución para evitar ser engañado.

En primer lugar, sabes que importar puros de Cuba se considera ilegal. Estados Unidos impuso sanciones económicas al gobierno cubano en 1963. Desde entonces, los puros cubanos se han convertido en el santo grial de los aficionados. Sin embargo, existe una laguna: los visitantes de Cuba que regresan de una visita autorizada y autorizada pueden traer puros. Sin embargo, los visitantes no pueden traer puros por valor de más de 100 dólares, y deben estar destinados a uso personal y no a la reventa.

Cualquier otra forma de obtener puros cubanos se considera ilegal. De hecho, es ilegal comprar, vender o comerciar con puros cubanos en Estados Unidos. Las multas por comercio, compra o venta ilegal de puros cubanos pueden ascender a 55.000 dólares de multa civil. Este tipo de multa, sin embargo, es bastante rara. Lo más probable es que te confisquen los puros.

Cuando compres una caja de puros cubanos, prepárate para desembolsar bastante dinero. Los precios pueden oscilar entre 150 y 500 dólares o más. Si te ofrecen una caja por debajo de estos precios, lo más probable es que no sea auténtica. La mayoría de los negocios de Internet que venden puros cubanos supuestamente auténticos suelen ser imitaciones. Evita siempre las tiendas o minoristas que ofrecen puros cubanos "rebajados".

¿Cómo conseguir puros auténticos? La forma más fácil de conseguir una caja de puros cubanos auténticos es dirigirte al norte, a Canadá. Cómpralos en Canadá y reempaquétalos de modo que no estén en su envoltorio original de Cuba. Quita las anillas y coloca los puros en una caja diferente. Los agentes de aduanas no suelen inspeccionar cuidadosamente los puros y, por lo general, no se considera un delito grave introducir puros cubanos en Estados Unidos. De hecho, muchos dependientes de estancos incluso se ofrecerán a reenvasar los puros cubanos por ti.

Cómo detectar puros cubanos falsos

Todo el mundo sabe que los puros cubanos son los más codiciados, conocidos en todo el mundo por su suavidad y rico sabor. De hecho, los puros cubanos son tan apreciados que muchos traficantes ilegítimos venden puros cubanos falsos a fumadores desprevenidos. ¿Cómo saber si los que tienes son falsos o auténticos? En primer lugar, asegúrate de que compras tus puros a un vendedor legítimo. Comprar en tu estanco local o en una empresa de venta por correo de confianza puede protegerte de desembolsar tu dinero por una caja de puros falsos.

Si tiene la oportunidad de comprar una caja de supuestos puros cubanos, pero tiene dudas, tómate tu tiempo para examinar la caja antes de comprarla. Estos son algunos consejos que te ayudarán a distinguir las falsificaciones de los puros auténticos.

Lo más importante es examinar la caja. Los puros cubanos auténticos contendrán un sello de garantía verde y blanco en la parte delantera izquierda de la caja. El sello contendrá una insignia con la imagen de un escudo y un sombrero. En la esquina superior derecha de la caja, encontrarás una pegatina blanca colocada en diagonal con la palabra "Habanos" impresa. El aspecto general de la caja debe ser limpio y ordenado. Si la caja parece dañada, manchada, deshilachada o marcada, evítala. Si el color de la caja es apagado, no la compres. Aunque los puros sean auténticos, su calidad puede haber sufrido durante el transporte. Si buscas puros de las marcas Cohíba, Trinidad o Q'dorsay, sabes que todos los Cohíba auténticos llevan el sello de garantía verde y blanco en la parte derecha de la caja.

En la parte inferior de la caja de puros, debes encontrar un sello térmico con las palabras "Habanos". El sello térmico debe estar impreso en la parte inferior de la caja. Las cajas de puros cubanos falsas suelen encontrar otras formas de imprimir esta etiqueta, como el uso de sellos de goma o etiquetas de papel. También deberías encontrar un sello de código de fábrica en la parte inferior que esta estampado en tinta verde, azul o negra. Este sello te indicará cuándo y dónde se liaron los puros.

Si puedes abrir la caja, tómate tu tiempo para oler el tabaco. Los puros cubanos tienen un aroma profundo y rico, inconfundible para los aficionados. Si el olor es desagradable o muy débil, lo más probable es que no tengas en tus manos una caja de auténticos puros cubanos. Los puros deben estar orientados en la misma dirección, y la fila superior puede aparecer ligeramente aplastada. Las tapas de todos los puros deben ser idénticas y el pie de cada puro debe estar limpio. Las vitolas de todos los puros también deben ser idénticas y estar dispuestas en la misma dirección. Si puedes, prueba los puros presionándolos. Tócalos en toda su longitud y comprueba si hay partes blandas o duras. Los puros deben estar firmes pero flexibles.

Cómo cortar perfectamente un puro

CIGARROS
Y
PUROS

¿Cómo cortar un puro correctamente? Aunque cada aficionado tiene su propio método, a continuación, te ofrecemos algunas pautas básicas para empezar.

En primer lugar, examina la cabeza, o extremo cerrado, del puro. Esta es la parte del puro que hay que recortar. Determina dónde está el "capuchón". El capuchón es la parte del puro en la que se ha utilizado la hoja de tabaco para cerrarlo. Una vez localizado el capuchón, determina su longitud. Como norma general, no debes cortar más allá del extremo del capuchón. Si cortas más allá del capuchón, es muy probable que el puro se deshaga.

Utiliza un cortapuros de buena calidad para cortar la cabeza en el capuchón. No utilices un cortapuros barato, ya que podría deshilachar o partir el puro. Puedes comprar un cortapuros especial en tu estanco local que está diseñado para hacer cortes limpios. Una vez que tengas el cúter, sujeta el puro a la altura de los ojos y haz un corte rápido y decidido justo por encima del capuchón. Al cortar, menos, es más: si el corte es demasiado superficial, basta con cortar un poco más.

Viejo vs. Nuevo: Elegir el puro adecuado

¿Estás confundido acerca de los puros viejos frente a los puros nuevos? ¿Qué significa exactamente? Si eres nuevo en el mundo de los puros, estos términos pueden dejarte un poco perplejo. Básicamente, sabes que los puros nunca están realmente frescos. Es decir, por lo general no puedes comprar un puro justo después de que se haya producido. La mayoría de los estancos guardan sus puros a la temperatura y humedad adecuadas antes de almacenarlos. Además, el tabaco de la mayoría de los puros de calidad superior suele añejarse durante uno o dos años antes de liarlo.

Muchos fumadores prefieren los puros viejos o añejos. ¿Por qué? Los puros antiguos no son intrínsecamente mejores que los nuevos. Se trata simplemente de una cuestión de gustos y preferencias personales. ¿Cuánto tiempo pueden durar los puros añejos antes de perder sabor e integridad? Los puros que se almacenan adecuadamente a una temperatura constante de aproximadamente 70 grados, y alrededor del 70% de humedad, se pueden almacenar indefinidamente.

¿Qué ocurre si un puro añejo no se almacena correctamente y empieza a secarse? Aunque es probable que la integridad del puro resulte dañada, puede recuperarse considerablemente volviéndolo a humedecer. Este proceso debe realizarse lentamente y con sumo cuidado para que el puro recupere su sabor y consistencia.

Degustando el Mundo: Puros de diferentes países

CIGARROS Y PUROS

Casi todo el mundo conoce el alabado sabor de los puros cubanos. Pero, ¿cómo saber si te estás fumando un puro cubano o de cualquier otro país? Los recién llegados al mundo de los puros deben saber que cada país productor tiene su propio sabor y carácter. La calidad del suelo y la forma de producir y liar el tabaco contribuyen al sabor general del producto final.

Por supuesto, hay que tener en cuenta la gran variedad regional; he aquí algunas pautas muy básicas para conocer los sabores del mundo.

Los famosos puros cubanos son famosos por su suavidad y sus sabores "cremosos". Son aplaudidos por su riqueza de sabores y su calidad superior en general. Los puros de países centroamericanos como Honduras y Nicaragua tienen fama de ser fuertes y ricos en sabor. Los países caribeños como Jamaica y la República Dominicana son conocidos por sus sabores más suaves.

Sea cual sea el país de procedencia, recuerda que una buena forma de calibrar el sabor general de un puro es fijarte en su diámetro y longitud. En general, los puros con un diámetro más grueso tendrán un sabor más intenso. Los puros más largos suelen ser más frescos.

Los peligros de la exposición al humo de los puros

Todos hemos oído hablar de los peligros de inhalar humo ajeno. Muchas personas se preguntan si los peligros de inhalar el humo de un puro son igual o más peligrosos. Desgraciadamente, parece que la exposición al humo ajeno de un puro encendido puede ser tan peligrosa o más que el humo de un cigarrillo normal.

Todo el humo ajeno emitido por los productos del tabaco se clasifica como humo de tabaco ambiental. El humo ambiental del tabaco se refiere a todo el humo de segunda mano que desprenden los productos del tabaco encendidos, como los puros o los cigarrillos. Las investigaciones indican que el humo de los puros y los cigarrillos libera muchos de los mismos tipos de irritantes. Tanto el humo ambiental de los puros como el de los cigarrillos contienen nicotina, monóxido de carbono, cianuro de hidrógeno y amoníaco. El humo ambiental de tabaco de los puros y los cigarrillos también libera carcinógenos bien conocidos, como cloro vinílico, benceno, arsénico, hidrocarburos y nitrosaminas. Los puros, debido a su tamaño, suelen liberar más humo de tabaco ambiental que los cigarrillos. Por tanto, estar cerca del humo de los puros puede suponer una amenaza mayor para la salud que inhalar el humo de un cigarrillo encendido.

Aunque tanto los puros como los cigarrillos desprenden un humo de tabaco tóxico similar, existen algunas diferencias clave entre ambos. Estas diferencias están relacionadas con las distintas formas en que se fabrican los puros y los cigarrillos. La producción de puros consiste en un largo proceso de fermentación y añejamiento. Durante el proceso de producción y fermentación, se producen grandes cantidades de carcinógenos.

Una vez fermentados y añejados, los puros se envuelven en un envoltorio no poroso que evita que se quemen con demasiada rapidez. Tanto el proceso de fermentación como la envoltura no porosa contribuyen a las altas concentraciones de carcinógenos en el humo del puro. Cuando se enciende un puro, se liberan los compuestos cancerígenos producidos durante el proceso de fermentación. El envoltorio no poroso también contribuye a una combustión poco limpia con un alto contenido en carcinógenos.

Otra razón por la que los puros producen mayores cantidades de carcinógenos es su grosor y longitud. Los puros son simplemente más grandes que los cigarrillos. Su tamaño les permite liberar mucho más humo y, a su vez, concentraciones mucho mayores de toxinas e irritantes. Además, los puros están diseñados para fumarse mucho más despacio que los cigarrillos normales, y se anima a los fumadores de puros a que se tomen su tiempo y disfruten de la relajante experiencia.

Esto se traduce en tiempos de fumada más largos y, obviamente, en la creación de mucho más humo. Se recomienda a los no fumadores que eviten las zonas donde se fuman puros. Si fumas puros, asegúrate de hacerlo en una zona bien ventilada.

Los cinco para los novatos

CIGARROS Y PUROS

Cuando fumas cigarros por primera vez, debes evitar fumar cigarros con sabores fuertes, ya que no estás acostumbrado a ellos y pueden causarte efectos que no quieres manejar. Estaríamos muy contentos de ayudarte a conocer los cinco cigarros que podrían convenirte.

Estos no son tan fuertes para ti, pero no tan insípidos que no disfrutarías el tiempo de fumar en absoluto. Bueno, en general, los principiantes deben realmente conformarse con lo que es la luz o medio-fuerte cuando se trata de cigarros.

- Flor de oliva torpedo

Este es un cigarro de la familia Oliva, que es bien conocido en la industria del cigarro durante años. Este produce un sabor suave a medio suave con una pizca de dulzura. Un palo de ella te costaría un dólar y cincuenta centavos. Como su componente medio, está hecho de relleno nicaragüense. Tú puedes elegir libremente o conocer más de este cigarro en línea.

- Baccarat Luchadores

La única debilidad que tiene es que puede que no pruebes ese rico sabor la primera vez que lo pruebes. Con la idea de mantenerlos en el humidor, esta no es la mejor jugada. Este tipo de cigarro sabe bien sobre todo cuando directamente de la caja en lugar de fuera del humidor.

- Punch Grand Cru Rubusto

Muchos fumadores de este deseo que podría hacerse más largo para que realmente sabe bien. El sabor es realmente grande, especialmente si se almacena en el humidor durante algunos meses, los cigarros hondureños con la buena mezcla de tabacos, que sin duda podría ser muy burlas para tus papilas gustativas. Un palo puedes dejar que gastar 3 dólares y 50 centavos cada uno. Este es un cigarro muy bien construido también.

- Arturo Fuente Cabeza rizada

Del grupo de Fuente de cigarros, este tipo puede ser una parte del soporte más bajo de los cigarros de Fuente cuando viene al precio en un dólar y cincuenta centavos. Este rico cigarro dominicano hecho a mano sin duda sería suficiente para los principiantes. El sabor suave a medio-suave sería ideal para aquellos que no están en el cigarro de fumar por un tiempo muy largo.

- Excalibur número 5

Hoyo Monterrey es el vendedor directo de este cigarro y es Honduras hizo así. Stick cuesta 3 dólares y 25 centavos. Hay diferentes rangos, pero Excalibur número 5 en comparación con 1, 2 o tres es suave, sabroso y muy sabroso si se mantiene en un humidor.

Si eres un principiante en esto de fumar, no dejes que eso te impida probar los ricos puros. Tú tienes las opciones; todo depende de ti para saborear los sabores que seguramente serían genial para ti. Hay montones de puros por ahí en todos los rincones del mundo, pero estos son simplemente los mejores para los principiantes.

Los riesgos para la salud de fumar puros

CIGARROS Y PUROS

Todos hemos oído hablar de los riesgos asociados a fumar cigarrillos, pero ¿cuáles son los riesgos de fumar puros? ¿Son los riesgos de fumar puros tan peligrosos o más? Según el Instituto Nacional del Cáncer, fumar puros con regularidad puede suponer una grave amenaza para la salud. Las investigaciones científicas han relacionado el consumo de puros con el cáncer de laringe, pulmón, esófago y cavidad oral. Las investigaciones más recientes también indican que fumar puros puede estar estrechamente relacionado con el desarrollo de cáncer de páncreas. Los médicos también advierten de que las personas que inhalan habitualmente mientras disfrutan de un puro también corren un mayor riesgo de desarrollar enfermedades pulmonares y problemas cardiacos.

Las amenazas para la salud de fumar puros parecen aumentar drásticamente en aquellos individuos que fuman con regularidad e inhalan mientras fuman. Alguien que fume de tres a cuatro puros al día tendrá un riesgo ocho veces mayor de desarrollar algún tipo de cáncer oral que un no fumador. Por desgracia, aún no conocemos los riesgos para la salud de fumar un puro de vez en cuando. Sin embargo, parece claro que fumar puros a diario puede entrañar graves riesgos para la salud.

Muchas personas se preguntan si los puros son tan adictivos como los cigarrillos. Muchos se preguntan, por ejemplo, por qué tanta gente se vuelve adicta a los cigarrillos y no a los puros. La verdad es que cualquier producto del tabaco puede volverte adictivo porque contiene nicotina. Fíjate en los efectos que tienen en las personas los productos del tabaco sin combustión. Estos productos, como el tabaco de mascar, pueden volverte muy adictivos, simplemente porque contienen tabaco, que a su vez contiene nicotina. Muchos fumadores de puros no inhalan profundamente, por lo que la nicotina se inhala superficialmente. Los fumadores de cigarrillos tienden a inhalar, haciendo que la nicotina sea absorbida más rápida y fácilmente por los pulmones. Aunque la mayoría de los fumadores de puros inhalan la nicotina más superficialmente, sigue siendo posible volverse adicto si el usuario fuma puros con regularidad.

Si la nicotina es tan adictiva, ¿por qué no fuman más puros los fumadores habituales? Parece que hay más gente que evita "engancharse" a los puros por varias razones. La razón más obvia es que la nicotina se inhala mucho más superficialmente que al fumar cigarrillos normales, lo que hace que el cuerpo absorba menos nicotina. Además, los puros no son tan accesibles como los cigarrillos. La mayoría los considera un artículo de lujo, que se guarda para ocasiones especiales y se consume con poca frecuencia. Sin embargo, si se fuman con regularidad, pueden crear adicción. Los riesgos para la salud de cualquier tipo de fumador aumentan drásticamente a medida que aumenta la frecuencia de consumo.

Las partes de un puro

CIGARROS Y PUROS

¿Cuáles son las distintas partes de un puro? Muchos fumadores disfrutan de sus puros sin conocer sus partes básicas. Si bien es cierto que se puede disfrutar de un puro sin saber cómo se elaboró, conocer las partes básicas de un puro puede ser fundamental para ayudarte a elegir los puros de mejor calidad.

Lo primero que muchos fumadores notan en un puro es la capa de tabaco que lo recubre. La capa de un puro es muy importante porque proporciona gran parte de su sabor. Normalmente se utilizan hojas de tabaco de la mejor calidad para construir la capa. Su color varía de muy claro (claro) a muy oscuro (oscuro).

Las ligas se conocen como "hojas intermedias". Se utilizan para mantener unido el tabaco de relleno. Los aglutinantes pueden variar considerablemente.

Por último, pero no por ello menos importante, está la tripa que se utiliza para hacer un puro. El relleno es el tabaco. Por lo general, la tripa puede ser larga o corta. El relleno largo se compone de hojas de tabaco enteras, mientras que el relleno corto se compone de recortes.

¡Hay una manera apropiada para ese cigarro!

Fumar puros puede ser un acto poco alentado, pero si simplemente te encanta y no puedes dejarlo, todo lo que tienes que hacer es hacerlo de una manera adecuada. ¿Cuál podría ser la forma adecuada? ¿Hay alguna diferencia si lo haces bien o mal? Sí, sobre todo hay efectos sobre la salud. Si crees que no tienes conocimientos suficientes sobre el consumo de puros, sin duda necesitarás estos consejos para guiarte.

- Evita el cáncer; no inhale mientras fumas

Sabemos que inhalar el humo del cigarro podría causar cáncer y muchas personas en todo el mundo están experimentando esta alarma sanitaria. Podrías ignorar este problema de salud si intentas no inhalar el humo del puro.

- La edad importa esta vez

Envejecer los puros es un buen método, ya que no sólo mejora su sabor, sino que también los protege de los efectos de una manipulación y almacenamiento inadecuados. Si guardas tu puro en el humidor adecuado, seguramente disfrutarás de él durante meses.

- Mejor no ponerlo ahí

Si enciendes un puro y decides no terminar de fumarlo, nunca lo vuelvas a meter en un humidor. No sería bueno para los demás puros. Incluso los estropearías. Cuando lo enciendas y lo fumes parcialmente, mejor ponlo en algún sitio y no dentro de tu humidor con el resto de tus puros.

- Bebe y fuma el puro adecuado. La gente suele fumar mientras bebe. Si entre esta población de individuos te encuentras tú, procura elegir una bebida que no pueda ser dominada por tu puro. De nada serviría un puro con un sabor más fuerte que la bebida. Seguramente no disfrutarías de ambos.

- El mechero de butano apaga el sabor

Tu tienes que utilizar el alumbrador del butano para que goces del gusto de tu cigarro y podría seguramente ser más agradable cuando viene al gusto. También puedes utilizar la cerilla habitual, pero asegúrate de que el azufre se consuma.

Éstos son apenas algunas de las muchas extremidades que tienes que equiparte especialmente si tú eres aficionado de fumar los cigarros. Tú tienes que considerar tu propia satisfacción. Estos consejos son seguramente de ayuda.

Consejos para comprar el puro ideal para ti

CIGARROS Y PUROS

El rey Eduardo VII, el presidente Ulysses S. Grant, Sigmund Freud, Karl Marx... son nombres, y no meros nombres, sino nombres enormes en la historia. ¿Podrías destacar alguna diferencia o algún punto en común entre estos hombres? Bueno, el hecho es que todos eran fumadores empedernidos de puros.

Puros y hombres, ¿qué pasa con esta pareja? Antes existía el estereotipo de que sólo los hombres ricos son los que fuman puros. Hoy en día, no hay una línea definida que separe a los hombres ricos de los no tan ricos cuando se trata de fumar puros. Cualquier hombre y hoy mujer podría comprar y disfrutar de un palo, palos o muchos palos de cigarro.

Hay una cosa cierta. Hay una diferencia entre el cigarro excelente y pobre. Tú debes saber si vale la pena comprar ese puro. Hay ciertos consejos a seguir a la hora de comprar uno.

Observa si la envoltura tiene suave y un poco de brillo característica. Asegúrate de que no tiene manchas y no debe ser demasiado firme.

Aprieta suavemente el puro. De esta forma podrás determinar si es lo suficientemente bueno para mantener su forma cuando lo apriete.

Abstente de elegir un puro con partes blandas o duras porque es señal de que no es de buena calidad ni está bien construido.

Intenta oler el puro y si no tiene ese aroma, deséchalo.

Abstente de comprar un cigarro grumoso. Puedes comprobarlo apretando suavemente. Comprueba también la capa. Abstente de elegir puros que tengan la capa descolorida.

Haz que tu regalo sea más especial añadiendo un cortapuros o un cenicero que impresione a quien lo reciba.

Por supuesto, regálalo con sinceridad.

Es divertido oír frases como: "A veces, un puro es sólo un puro". Esto es según Sir Sigmund Freud. "Una mujer es sólo una mujer: pero un buen puro es una fumada". Ésta es según Sir Rudyard Kipling en su poesía. Esto sólo muestra cómo los hombres consideran el fumar puros desde entonces.

Ahora, incluso a las mujeres les gusta fumar. A pesar de todos los peligros para la salud, la gente sigue fumando sin ninguna razón general.

Lo importante es que se fume con moderación y responsabilidad. No fumar simplemente porque se quiere presumir de lo que se llama "cosa de hombres".

¿Cuándo saben realmente bien los puros?

CIGARROS Y PUROS

Los fumadores no saben cuándo fumar puros y cuándo no. Pero, ¿sabías tú que hay grandes momentos en que serías capaz de fumar un cigarro y saborear el mejor sabor que te podría ofrecer. Esto puede parecer extraño, pero realmente cierto y los que están familiarizados con estos tiempos sin duda podría dar fe de ello.

Éstos son algunos de los momentos más maravillosos cuando se podía fumar y sentir cada hebra de que fluye a través de tu garganta sin problemas:

1. Feliz cumpleaños

Bueno, es tu día y date un respiro. Fumar un buen puro en tu cumpleaños sería realmente algo que podrías regalarte a ti mismo. Podrías tener esto como tu forma de celebrar la vida.

2. Después de Acción de Gracias

Durante esta comida, que podría ser una de las comidas más suntuosas de todo el año, sería bueno que disfrutaras de un buen cigarro después de llenar el estómago. Una fumada también vendría muy bien con una bebida de postre.

3. Un hito, un cigarrillo

Hay grandes momentos en tu vida en los que sacas ese triunfador que llevas dentro. Te mereces celebrarlo. Mientras fumas, podrías recordarte lo bueno que has sido al hacer un trabajo tan estupendo.

4. Escapada de fin de semana

Podrías convertir el fin de semana en un gran fin de semana. Después de una semana agotadora en el trabajo, date un capricho simplemente sentándote, sintiendo la brisa, la agenda vacía, simplemente sintiéndote perezoso y relajado.

5. Apostar y fumarte un puro

Fumar mientras se juega tiene un efecto "varonil". Esto también puede ayudarte a relajarte mientras disfrutas del juego. Esta es una forma muy buena de apostar, tomas el control de tu suerte mientras saboreas tu puro favorito.

Vale la pena fumar estos momentos y no querrás perdértelos, ¿verdad? Bueno, es tu momento y celébralo con la gran forma de relajarte, sentirte libre, soltarte y eso es fumando tu puro favorito.

¿Por qué utilizar un humidificador?

Si no eres un fumador de puros experimentado, puede que te preguntes por qué los aficionados utilizan humidores. Los humidores se utilizan para almacenar y proteger los puros de forma que se mantengan en su punto óptimo de sabor. Un humidor mantiene los puros a una temperatura constante, entre 68 y 70 grados Fahrenheit, y a una humedad de entre el 70 y el 72%.

Muchos aficionados a los puros afirman que la temperatura ideal para guardarlos es de 70 grados F. Cualquier temperatura inferior tenderá a envejecer el puro, en lugar de mantenerlo a un nivel constante. Los humidificadores no sirven para envejecer, sino para preservar la integridad, el sabor y el color del puro.

¿Qué debes tener en cuenta al comprar un humidor? Un buen humidor debe cerrarse completamente, con una tapa bien ajustada que mantengas los puros a salvo de la intemperie y evita cualquier intercambio de humedad. Las costuras deben ser lisas y estar bien ajustadas para los puros. El cedro, especialmente el cedro español, es ideal para el interior del humidor. Por supuesto, asegúrate de que tu marca de puros encaja bien en cualquier humidor que estés considerando comprar.

Por último

Si llegaste aquí, ya sabes cómo elegir un buen cigarro o puro

No olvides regalarme un comentario en la plataforma donde compraste el libro y así otros lectores podrán adquirir este libro con mayor confianza. Gracias.

Milton Keynes UK
Ingram Content Group UK Ltd.
UKHW020634101123
432322UK00018B/786